Angelika Massenkeil, Pammi Panesar

Window-Color
Blüten aus Draht

ENGLISCH VERLAG

Die Deutsche Bibliothek - CIP-Einheitsaufnahme
Window-Color: Blüten aus Draht / Angelika Massenkeil, Pammi Panesar. – Wiesbaden: Englisch, 2000
ISBN 3-8241-1013-X

© by Englisch Verlag GmbH, Wiesbaden 2000
ISBN 3-8241-1013-X
Alle Rechte vorbehalten. Nachdruck, auch auszugsweise, verboten.
Fotos: Frank Schuppelius
Printed in Spain

Das Werk und seine Vorlagen sind urheberrechtlich geschützt, jede Verwertung oder gewerbliche Nutzung der Vorlagen und Abbildungen ist verboten und nur mit ausdrücklicher Genehmigung des Verlages gestattet. Dies gilt insbesondere für die Nutzung, Vervielfältigung und Speicherung in elektronischen Systemen und auf CDs. Es ist deshalb nicht erlaubt, Abbildungen und Bildvorlagen dieses Buches zu scannen, in elektronischen Systemen oder auf CDs zu speichern oder innerhalb dieser zu manipulieren.

Die Ratschläge in diesem Buch sind von den Autorinnen und dem Verlag sorgfältig erwogen und geprüft, dennoch kann eine Garantie nicht übernommen werden. Eine Haftung der Autorinnen bzw. des Verlages und seiner Beauftragten für Personen-, Sach- und Vermögensschäden ist ausgeschlossen.

Inhaltsverzeichnis

Vorwort	5	Amaryllis	16
Material und Werkzeug	6	Seerose	18
Grundanleitung	7	Efeuranke	20
Hilfreiche Tipps	9	Blumenkranz	21
		Lilie, Schmetterling und Libelle	22
Blüten aus Draht	10	Strelizie	24
Narzissen mit Weidenkätzchen	10	Anthurie	25
Stiefmütterchen	12	Orchidee	26
Tulpen	13	Sonnenblume und weiße Blüten	28
Rose	14	Schneeglöckchen	30
Iris	15	Krokusse	31

Vorwort

Wenn Sie bereits Spaß daran hatten, Ihre Fenster mit Window-Color-Bildern zu dekorieren, dann werden Ihnen sicher auch die plastischen Blüten gefallen, die wir in diesem Buch vorstellen.

Diese Blüten sind ganz einfach herzustellen: Draht wird in Blütenform gebogen, auf Folie gelegt und mit Window-Color-Farbe ausgefüllt. Nach der üblichen Trocknungszeit werden die einzelnen Blütenblätter von der Folie abgehoben und zu einer Blüte gestaltet. Arrangieren Sie die Blüten und Blätter in einer hübschen Blumenvase oder einem Tonblumentopf zu einem Strauß, und dieser wird in jeder Wohnung alle Blicke auf sich ziehen.

Mit Hilfe der detaillierten Anleitungen wird es Ihnen sofort gelingen, die Seerose, die Orchidee, die Narzissen und alle übrigen Blumen nachzuarbeiten. Aber auch die Natur liefert vorzügliche Vorlagen. Verwenden Sie zum Beispiel das Blütenblatt eines Stiefmütterchens als Vorlage, und formen Sie die Blattkontur mit dem Draht nach. Sie werden staunen, wie einfach es ist, eigene Ideen mit Window-Color und Draht in die Tat umzusetzen.

Viel Vergnügen beim Nacharbeiten der Blüten aus Window-Color wünschen

Angelika Massenkeil und Pammi Panesar

Material und Werkzeug

Um die vorgestellten Blüten aus Draht zu gestalten, sollten Sie sich folgendes Material und Werkzeug zurechtlegen:

- Window-Color-Malfarben
- Basteldraht, Ø 4–6 mm
- dickeren ummantelten Draht für die Stiele
- Folien (Prospekthüllen)
- Holzspieß oder Zahnstocher
- Küchenkrepp
- Wattestäbchen
- Stecknadel zum Zerstechen der Luftblasen
- wasserfester Filzstift in Schwarz
- Kreppwickelband
- Seitenschneider
- kleine Zange
- Schere
- Klebestreifen
- Heißklebepistole oder Klebstoff

Basteldraht ist mit Kunststoff ummantelt und in vielen Farben erhältlich. Sie können auch anderen Draht, der weich und biegsam ist, verwenden. Gut eignet sich beispielsweise grüner Floristendraht von der Rolle oder Gold- und Silberdraht in der entsprechenden Stärke. Für die Blüten und Blätter haben wir zum größten Teil einen farblich passenden Draht verwendet. Wenn man ausschließlich eine Farbe verwendet, zum Beispiel Schwarz, ergibt sich der Effekt einer Umrandung, ähnlich wie bei einer schwarzen Konturenlinie für Fensterbilder aus Window-Color. Besorgen Sie sich genügend Draht. Je nach Größe der Blüte und der Anzahl der Blütenblätter benötigen Sie im Durchschnitt 3 m Draht. Für die Stiele benötigen Sie einen dickeren Draht, der in verschiedenen Stärken und Längen erhältlich ist.

Window-Color-Farben werden von vielen Herstellern angeboten. Es handelt sich um wasserlösliche Acrylfarbe. In der Regel sind die Farben eines Herstellers untereinander mischbar. Farben von verschiedenen Herstellern sollten jedoch nicht miteinander vermischt werden. Für die plastischen Blüten in diesem Buch benötigen Sie nur Window-Color-Malfarben, nicht die Konturenfarbe.

Tipp:
Die Farben werden direkt aus der Flasche aufgetragen, daher benötigt man keinen Pinsel. Achten Sie beim Kauf darauf, dass die Flasche gut in der Hand liegt und aus weichem Kunststoffmaterial besteht, damit man nicht so fest drücken muss.

Verwenden Sie als Maluntergrund eine Folie, die kein PVC enthält, denn von PVC-haltigen Folien lassen sich Window-Color-Motive nicht unbeschadet abziehen. Geeignet sind Prospekthüllen, durch die man die Vorlagen gut erkennen kann.

Grundanleitung

Die Formen der Blütenblätter und der dazugehörigen Laubblätter finden Sie auf dem Vorlagebogen. Die einzelnen Blätter werden entsprechend der Vorlage aus Draht gebogen. Legen Sie diese Drahtformen auf eine Prospekthülle, und füllen Sie die Formen mit Window-Color-Farbe aus. Sind die Blütenblätter getrocknet, werden sie von der Folie abgenommen und zur Blüte zusammengefasst, miteinander verdrahtet und mit einem Stängel versehen, der mit Kreppband umwickelt wird.

Das Biegen des Drahtes

Legen Sie den Draht auf die Vorlage, und messen Sie die notwendige Länge direkt auf der Vorlage ab. Lassen Sie die Drahtenden 10 cm länger, damit Sie die einzelnen Blätter später besser zur Blüte zusammenfassen können.

Mit einem Seitenschneider schneiden Sie nun den Draht ab. Wenn Sie eng aufgewickelten Draht verwenden, ziehen Sie das Drahtstück über eine Tischkante oder über die Kante einer Küchenarbeitsplatte, damit der Draht wieder glatt wird.

Verdrehen Sie den Draht oberhalb der Enden, sodass Sie einen kurzen Stiel erhalten. Biegen Sie den Draht in die entsprechende Blütenblattform, und legen Sie ihn flach auf die Folie, damit die Drahtform mit Window-Color-Farbe ausgefüllt werden kann. Steht der Draht an einer Stelle etwas hoch, drücken Sie ihn in die andere Richtung. Der Draht muss waagerecht auf der Folie liegen. Bei großen Blättern kann es vorkommen, dass sich Teile des Drahtes immer wieder hochschieben. Seien Sie geduldig, und formen Sie den Draht, bis er eben auf der Folie liegt. Ein Teilstück des Drahtes darf lediglich 1-2 mm von der Folie abstehen. Auch die miteinander verdrehten Drahtenden müssen möglichst flach auf der Folie liegen. Damit beim Malen nichts verrutscht, können Sie die Drahtenden mit Klebestreifen auf der Folie fixieren. Die Drahtenden für Fruchtknoten und Blütenstempel werden nicht miteinander verdreht, sie wirken sonst recht plump.

Außer runden, ovalen und langen spitzen Blättern gibt es auch einige Blätter mit gezacktem Rand, wie beispielsweise die Blütenblätter der Papageientulpe. Entsprechende Drahtzacken formt man am besten mit einer kleinen Zange.

Das Ausmalen der Drahtformen

Damit eine dauerhafte Verbindung zwischen Draht und Farbe zustande kommt, sollte man am inneren Drahtrand mit dem Farbauftrag beginnen. Arbeiten Sie sich auf diese Weise bis zur Mitte vor. Der Farbauftrag muss innerhalb der Drahtform dick aufgetragen werden und so hoch sein wie der Draht. Eventuelle Luftblasen stechen Sie sofort mit der Nadel auf und tragen an dieser Stelle erneut Farbe auf.

Steht der Draht etwas hoch, läuft die Farbe darunter hindurch. Tragen Sie an dieser Stelle ein zweites Mal Farbe auf, sodass der Draht mit der Farbe verbunden ist. Nach dem Trocknen können Sie die ausgelaufene Farbe mit der Schere entlang der Drahtkante abschneiden.

Durch den satten Farbauftrag benötigen die Blätter eine längere Trocknungszeit als ein Window-Color-Bild. Nehmen Sie die Blätter auf keinen Fall zu früh von der Folie, da sie sonst beim Arrangement der Blüte miteinander verkleben.

Da Blüten und Blätter oftmals erst durch das Farbspiel von mindestens zwei Farben natürlich und lebendig wirken, kann man innerhalb eines Blütenblattes zwei miteinander harmonierende Farben auftragen. Der Farbauftrag kann entweder einfach nebeneinander erfolgen, oder die Farben können mit einem Holzspieß oder Zahnstocher ineinander verzogen werden.

Das Anfertigen der Blüte

Sind Blüten- und Laubblätter gut getrocknet, kann man zarte Blattadern und sehr feine Linien mit einem wasserfesten schwarzen Filzstift aufmalen. Dann nimmt man die Blätter von der Folie und biegt diese vorsichtig in Form. Arbeitet man eine geöffnete Blüte, biegt man die Blütenblätter leicht nach außen. Arbeitet man eine geschlossene Blüte, so wölbt man die Blütenblätter mehr nach innen. Um den Fruchtknoten oder um die Blütenstempel werden zunächst die kleineren Blütenblätter angeordnet, die größeren Blätter bilden den Abschluss der Blüte.

Beim Arrangement der einzelnen Blätter zur Blüte kann sowohl die linke als auch die rechte Seite der Blütenblätter nach oben zeigen. Für die Stiele ist es sinnvoll, mehrere feste Drähte zu verwenden und mit Kreppband zu umwickeln, damit die Blüten genügend Standfestigkeit erhalten. Diese festen Drähte werden zwischen die Drähte der Blüten geschoben. Damit sich das Kreppband nicht löst, wickeln Sie mehrfach über den Anfang des Bandes und von dort aus in überlappenden Bahnen schräg nach unten entlang des Stieles.

Hilfreiche Tipps

🌺 Möchten Sie die Blumen in Farbe und Form naturgetreu nacharbeiten, so orientieren Sie sich am besten an einem Blumensachbuch.

🌺 Richten Sie Ihren Arbeitsplatz bequem ein, sodass das Licht möglichst von links einfällt.

🌺 Bewahren Sie die Farbflaschen auf dem Kopf stehend auf, und stellen Sie die Farben, wenn Sie die Flaschen während des Malens wechseln, immer wieder auf den Kopf, um Lufteinschlüsse zu vermeiden. Im Hobbyfachhandel wird ein spezieller Aufbewahrungskasten aus Kunststoff zu diesem Zweck angeboten.

🌺 Sollte die Flaschenspitze Ihrer Malflasche einmal verstopfen, stechen Sie diese mit einer langen Nadel wieder auf.

🌺 Beim Ausmalen der Flächen muss die Farbe unbedingt direkt bis an den Draht geführt werden. Es ist besser, auf den Draht zu malen als Löcher entstehen zu lassen. Haben Sie einmal über den Draht hinweg gemalt, lässt sich die überschüssige Farbe nach dem Trocknen abschneiden.

🌺 Tragen Sie die Farbe dick auf, damit die Blätter beim Abnehmen von der Folie nicht reißen. Haben Sie sich einmal vermalt, lässt sich die feuchte Farbe mit Küchenkrepp oder Wattestäbchen leicht entfernen.

🌺 In die feuchte Malfarbe können Sie Metallflitter, kleine Glasperlen (Rocailles, Ø 2 mm) einstreuen, um zusätzliche Effekte zu erzielen.

🌺 Die fertigen Blumen können in eine Vase gestellt werden. Es sieht aber auch sehr schön aus, wenn man eine durchsichtige Vase mit farblich passendem Dekosand füllt. Die Blumen erhalten so außerdem einen guten Stand. Kleine Blumen, wie die Schneeglöckchen, kommen in einem mit Steckmasse gefüllten Tontopf, dessen Oberfläche mit Moos abgedeckt wird, gut zur Geltung.

Blüten aus Draht

Narzissen mit Weidenkätzchen

Material:
- Window-Color in Gelb, Orange, Grasgrün, Dunkelgrün, Braun und Weiß
- Basteldraht in Grün, Gelb und Kupfer
- fester Draht für Stiele
- Kreppband in Grün und Braun
- Dekosand in Gelb

Anleitung:
Biegen Sie die Drahtformen für die Narzissen. Jede Blüte besteht aus einem Fruchtstempel, einer Blütenmitte und sechs Blütenblättern. Für die Blütenblätter verwenden Sie gelben, für die Blütenmitte kupferfarbenen und für die Laubblätter grünen Basteldraht. Der Draht für die zackenförmige Blütenmitte wird mit einer Zange gebogen. Legen Sie die Drahtformen auf Folie, und füllen Sie die Formen mit Window-Color aus. Für die Blütenmitten verwenden Sie Orange, und für die Fruchtstempel streuen Sie Dekosand in die feuchte Farbe. Nach der anschließenden Trocknungszeit wird die Blütenmitte zur Röhre geformt. Verbinden Sie die einzelnen Blütenelemente mit Draht. Für das kleine braune Hochblatt umwickeln Sie ein dickes Drahtende mit braunem Kreppband. Dieser Draht kann gleichzeitig als Stiel dienen, und die Blüte wird an diesen Stieldraht gesetzt. Umwickeln Sie die Stiele mit grünem Kreppband, und arbeiten Sie dabei die grünen Blätter ein.

Für die Weidenkätzchen biegen Sie den Draht entsprechend der Vorlage und füllen die Drahtformen dann auf einer Folie mit Window-Color-Farbe aus. Nachdem die Weidenkätzchen getrocknet sind, befestigen Sie diese der Größe nach versetzt am Stieldraht. Umwickeln Sie die Drähte mit braunem Kreppband.

Tipp:
Zur zusätzlichen Dekoration können Sie einige Drähte mit braunem Kreppband umwickeln und in die Form von Weidenzweigen biegen.

Stiefmütterchen

Material:
- Window-Color in Elfenbein, Gelb, Pink, Bordeaux, Grasgrün und Dunkelgrün
- Basteldraht in Grün, Gelb und Kupfer
- fester Draht für Stiele
- Kreppband in Grün
- Holzspieß oder Zahnstocher

Anleitung:
Die Blüten bestehen aus je vier gleichfarbigen Blütenblättern, einem zweifarbigen Blütenblatt, einem Fruchtknoten sowie vier Kelchblättern. Eine Knospe besteht aus vier Blüten- und vier Kelchblättern. Formen Sie diese Blätter sowie die Laubblätter den Vorlagen entsprechend aus Draht. Für die Fruchtknoten verwenden Sie gelben Basteldraht, für die Blütenblätter kupferfarbenen und für die Laubblätter grünen Draht. Die Drahtformen legen Sie auf Folie, um die Formen dann mit Window-Color auszufüllen.

Die Fruchtknoten werden gelb ausgemalt, mit dem dunkleren Grünton können Sie die Blattadern der Stiefmütterchen auftragen. Für die zweifarbigen Blütenblätter verziehen Sie die Farben mit einem Holzspieß oder Zahnstocher ineinander. Lassen Sie alle Blätter gut trocknen, bevor Sie sie von der Folie heben. Dann setzen Sie die Blüten und die Knospen zusammen. Schieben Sie Stieldrähte zwischen die Drahtenden der Blüten und Knospen, und umwickeln Sie die Stiele mit Kreppband. Arbeiten Sie dabei die Laubblätter mit ein.

Tulpen

Material:
- Window-Color in Weiß, Gelb, Rosa, Pink, Violett, Hellgrün und Grasgrün
- Basteldraht in Grün, Gelb und Kupfer
- fester Draht für Stiele
- Kreppband in Grün
- Holzspieß oder Zahnstocher

Anleitung:
Eine Blüte besteht aus vier Blütenblättern unterschiedlicher Größe und vier Fruchtstempeln. Orientieren Sie sich an den Vorlagen, und biegen Sie die einzelnen Drahtformen. Für die Fruchtstempel verwenden Sie gelben Basteldraht, für die Blütenblätter kupferfarbenen und für die Laubblätter grünen Draht. Dann malen Sie diese Formen auf Folie mit Window-Color in den entsprechenden Farben aus. Zwei Tulpen sind mit den Farben Weiß, Rosa und Pink gestaltet, die anderen beiden mit den Farben Rosa, Pink und Violett. Diese Farben werden in feuchtem Zustand mit Hilfe eines Holzspießes oder Zahnstochers ineinander verzogen. Für die grünen Blätter ziehen Sie in der Mitte mit einem dunkleren Grünton die Blattadern ein. Verbinden Sie die Blütenelemente nach dem Trocknen mit Draht zu einer Blüte. Die Blüten befestigen Sie an einem Stieldraht, den Sie mit grünem Kreppband umwickeln. Dabei arbeiten Sie die grünen Laubblätter mit ein.

Rose

Material:
- Window-Color in Rot, Hellgrün, Grasgrün und Dunkelgrün
- Basteldraht in Grün und Schwarz
- fester Draht für Stiele
- Kreppband in Grün

Anleitung:
Die Blüte besteht aus elf Blütenblättern und vier grünen Kelchblättern, die Knospe besteht aus drei Blüten- und drei kleineren Kelchblättern. Formen Sie der Vorlagen entsprechend alle Blätter aus Draht. Für die Blätter der Blüte und Knospe verwenden Sie schwarzen Draht, für die Laub- und Kelchblätter grünen Draht. Platzieren Sie die Drahtformen auf Folie, und füllen Sie die Formen mit Window-Color aus. In die grünen Laubblätter setzen Sie die Blattadern mit einem helleren Grünton. Nachdem die Blätter getrocknet sind, setzen Sie Blüte und Knospe zusammen. Für die Blüte fassen Sie zuerst die kleineren Blätter und arrangieren die größeren außen. Die Kelchblätter werden zum Schluss angebracht. Umwickeln Sie die Stieldrähte mit grünem Kreppband, und arbeiten Sie dabei die Laubblätter mit ein.

Iris

Material:
- Window-Color in Hellblau, Mittelblau, Dunkelblau, Gelb, Hellgrün, Olivgrün und Grasgrün
- Basteldraht in Grün und Schwarz
- fester Draht für Stiele
- Kreppband in Grün
- Holzspieß oder Zahnstocher

Anleitung:

Die Knospe besteht aus zwei Blütenblättern und zwei grünen Kelchblättern. Die Blüte besteht aus neun Blütenblättern und einem Kelchblatt. Biegen Sie die Formen mit Draht nach. Orientieren Sie sich dafür an den Vorlagen. Für die Blütenblätter verwenden Sie schwarzen Draht, für Kelch- und Laubblätter grünen Draht. Legen Sie die Drahtformen auf Folie, und malen Sie die Formen mit Window-Color aus. Die kleinen Blütenblätter werden nur in Blautönen ausgemalt, die größeren Blütenblätter werden in der Mitte mit etwas gelber Farbe betont. Die Blautöne ziehen Sie mit Hilfe eines Holzspießes oder eines Zahnstochers ineinander, solange die Farben noch feucht sind. Auch für die Laubblätter verziehen Sie die Grüntöne ineinander. Sind alle Blätter getrocknet, fügen Sie Knospe und Blüte zusammen. Für die Knospe wickeln Sie die Kelchblätter um die Blütenblätter. Fixieren Sie Knospe und Blüte mit Draht an den dickeren Stieldrähten, die Sie mit Kreppband umwickeln. Arbeiten Sie dabei die Laubblätter mit ein.

Amaryllis

Material:
- Window-Color in Rot, Orange, Hellgrün und Grasgrün
- Basteldraht in Schwarz und Weiß
- fester Draht für Stiele
- Kreppband in Grün

Anleitung:

Die Amaryllis besteht aus einer fünfblättrigen Knospe und zwei sechsblättrigen Einzelblüten. Außerdem werden drei grüne Einzelblätter gefertigt. Die Blüten setzen sich aus drei großen und drei kleinen Blütenblättern zusammen. Für jede Blüte werden fünf Fruchtknoten hergestellt und für die Knospe zwei. Biegen Sie die Drahtfiguren nach den Vorlagen, und platzieren Sie diese dann auf der Folie. Die Blütenblätter werden rot ausgemalt. Vom Stielansatz lassen Sie etwas grüne Farbe einfließen. Die Spitzen der Laubblätter werden in einem helleren Grünton ausgemalt. Lassen Sie die Farben gut trocknen. Die Blütenblätter werden um ca. 90 Grad umgebogen. Fassen Sie für die Blüten drei kleinere Blätter zusammen, und platzieren Sie die größeren herum. Schieben Sie nun von oben die Fruchtknoten in die Blütenmitte. Setzen Sie je ein grünes Blatt unter die Blüten und unter die Knospe, und befestigen Sie die Laubblätter mit einem der Drähte. Schieben Sie festere Stieldrähte zwischen die Drähte der Blütenblätter, und fassen Sie die beiden Blüten sowie die Knospe zu einem Stiel zusammen. Dann umwickeln Sie diesen mit Kreppband.

Seerose

Material:
- Window-Color in Weiß, Gelb, Rosa, Grasgrün und Dunkelgrün
- Basteldraht in Weiß, Gelb und Grün
- Holzspieß oder Zahnstocher

Anleitung:
Die Seerose setzt sich aus acht kleinen und acht großen Blütenblättern zusammen, in der Mitte werden sechs Fruchtstempel eingefügt. Außerdem werden zwei grüne Blätter gefertigt. Formen Sie die Drähte entsprechend der Vorlage. Für die Fruchtstempel verwenden Sie gelben, für die Blütenblätter weißen und für die Laubblätter grünen Draht. Platzieren Sie die Drahtformen auf der Folie, und malen Sie die Formen aus. Die Blütenblätter werden weiß ausgemalt, bevor Sie einige rosa Tupfer in die nasse Farbe setzen und mit Hilfe eines Holzspießes oder Zahnstochers verziehen. Malen Sie die Laubblätter grasgrün aus, und fügen Sie die Blattadern mit Dunkelgrün ein. Nachdem die Blätter getrocknet sind, setzen Sie die Blüte zusammen und schieben die beiden Laubblätter darunter.

Es sieht besonders hübsch aus, wenn Sie die Blüte in einer Glasschale auf Naturmaterial drappieren. Da die Blüte sehr flach ist, wird kein Stiel mit Kreppband angelegt.

Efeuranke

Material:
- Window-Color in Grasgrün und Dunkelgrün
- Basteldraht in Grün
- fester Draht für Stiele
- Kreppband in Grün

Anleitung:
Biegen Sie mit Draht die Blätter entsprechend den Vorlagen nach. Legen Sie die Blätter auf Folie, und füllen Sie die Drahtformen mit Window-Color aus. Die Grundfarbe ist Grasgrün, in das Sie mit Dunkelgrün die Blattadern malen. Lassen Sie die Blätter gut trocknen. Dann wickeln Sie die Efeublätter um den Stieldraht. Dabei beginnen Sie am oberen Zweigende mit den großen Blättern und lassen die Blätter nach unten kleiner werden. Umwickeln Sie die Ranke mit Kreppband.

Blumenkranz

Material:
- Window-Color in Hellgrün, Grasgrün, Dunkelgrün, Orange, Perlmutt und Rosa
- Basteldraht in Grün und Schwarz
- Kreppband in Grün
- Drahtring, Ø 14 cm oder selbst gebogener Ring aus dickerem Draht
- Holzspieß oder Zahnstocher

Anleitung:
Biegen Sie die Drahtformen gemäß den Vorlagen. Für die Fruchtknoten verwenden Sie grünen Draht, für alle übrigen Blätter schwarzen Draht. Die beiden kleinen perlmuttfarbenen Blüten bestehen aus je vier Blütenblättern sowie zwei Fruchtknoten, die größere Blüte setzt sich aus fünf Blütenblättern und drei Fruchtknoten zusammen. Für die rosafarbenen Blüten arbeiten Sie je fünf Blütenblätter und drei Fruchtknoten. Legen Sie die Drahtformen auf Folie, und füllen Sie die Formen mit Window-Color aus. Am Stielansatz der perlmuttfarbenen Blütenblätter arbeiten Sie etwas Grün ein und in die rosafarbenen Blätter etwas Perlmutt. Diese Farbtupfer werden mit einem Holzspieß oder Zahnstocher verzogen. Für die Laubblätter tragen Sie Grün auf. Mit einem dunkleren Grünton setzen Sie die Blattadern, und mit einem helleren Grünton können Sie in der Mitte der Blätter Lichtreflexe setzen. Nachdem die Farben getrocknet sind, wickeln Sie die Drahtenden der fertigen Blüten um den Drahtring. Dazwischen setzen Sie die Laubblätter. Zum Schluss wird der Drahtkranz mit Kreppband umwickelt.

Lilie, Schmetterling und Libelle

Material Lilie:
- Window-Color in Grasgrün, Dunkelgrün, Hellrot und Gelb
- Basteldraht in Grün und Schwarz
- fester Draht für Stiele
- Kreppband in Grün
- wasserfester Filzstift in Schwarz

Material Schmetterling und Libelle:
- Window-Color in Blau, Grün, Rot, Orange und Schwarz
- Window-Color-Konturenfarbe in Weiß
- Basteldraht in Grün und Schwarz
- Holzspieß oder Zahnstocher
- Heißklebepistole oder Klebstoff

Anleitung:
Biegen Sie alle Blätter nach den Vorlagen. Für die Blütenblätter verwenden Sie dafür schwarzen und für die Fruchtknoten sowie Laubblätter grünen Basteldraht. Legen Sie die Drahtformen auf Folie, und malen Sie alle Formen mit Window-Color aus. Mit Dunkelgrün setzen Sie die Blattadern in die grüne Grundfarbe der Laubblätter. Sind die Farben gut ausgetrocknet, malen Sie mit Filzstift die Konturen der Blütenblätter und die Punkte auf die Fruchtknoten. Die Blütenblätter werden um die Fruchtknoten platziert und mit Draht umwickelt. Schieben Sie den Stieldraht zwischen die Drahtenden, und umwickeln Sie den Stiel mit Kreppband. Dabei werden die Laubblätter eingebunden.

Anleitung:
Den Schmetterling biegen Sie nach der Vorlage aus schwarzem Draht. Die Drahtenden der Flügel werden dabei um den Körper gewickelt, sodass kein Drahtende übersteht. Die Drähte des Körpers werden vorne einmal verdreht und laufen als Fühler aus. Legen Sie den Schmetterling auf Folie, und malen Sie ihn farbig aus. Für die großen Flügel geben Sie drei rote Streifen in die orangefarbene Farbe und verziehen diese sofort mit einem Holzspieß oder Zahnstocher zu einem marmorierten Muster. Nachdem der Körper getrocknet ist, setzen Sie mit Konturenfarbe zwei weiße Augenpunkte. Ist der Schmetterling vollständig getrocknet, nehmen Sie ihn von der Folie ab und fixieren mit der Heißklebepistole ein Stück grünen Draht unter den Schmetterlingskörper. Nun können Sie den Schmetterling zu Ihren Blumen stecken.

Die Libelle wird genauso gearbeitet wie der Schmetterling. Ihre Flügel werden einfarbig ausgemalt.

Strelizie

Material:
- Window-Color in Grasgrün, Dunkelgrün, Hellgrün, Rot, Hellrot, Weiß und Violett
- Basteldraht in Schwarz
- fester Draht für Stiele
- Kreppband in Grün

Anleitung:
Biegen Sie die auf dem Vorlagebogen angegebenen Formen mit Draht nach. Die Drahtformen legen Sie dann auf die Folie und malen die Formen mit Window-Color aus. Für die Laubblätter tragen Sie mit einem dunkleren Grünton die Blattadern auf. Mit einem hellen Grün können Sie einige Lichtreflexe setzen. Das kleinste Blütenblatt wird violett ausgemalt. Die vier nächstgrößeren Blütenblätter malen Sie bis auf den Stielansatz, den Sie mit Weiß ausfüllen, mit Hellrot aus. Das größte Blütenblatt wird bis auf den roten Rand grün ausgemalt. Lassen Sie die Farben gut trocknen. Die Blütenblätter werden vom Stielansatz her in Form gebogen. Beginnen Sie mit dem kleinsten Blütenblatt, und fächern Sie die größeren der Reihe nach darüber. Dabei wickeln Sie die Drahtenden der Blütenblätter umeinander. Schieben Sie den Stieldraht hinein, und wickeln Sie Kreppband herum. Fassen Sie dabei auch die Laubblätter ein.

Anthurie

Material:
- Window-Color in Hellgrün, Dunkelgrün, Orange und Bordeaux
- Basteldraht in Schwarz
- fester Draht für Stiele
- Kreppband in Grün
- Dekosand in Orange

Anleitung:
Gemäß den Vorlagen werden alle Blätter und Fruchtstempel aus Draht gebogen. Den längeren Fruchtstempel verdrehen Sie an der angegebenen Stelle, um zwei Farbflächen zu erhalten. Legen Sie die Drahtformen auf Folie, und malen Sie die Formen aus. Auf die Spitze des längeren Fruchtstempels streuen Sie etwas Dekosand auf die feuchte Farbe. Für das Laubblatt ziehen Sie die Blattadern mit Hellgrün. Fassen Sie das Blütenblatt mit den beiden Fruchtstempeln zusammen, und schieben Sie den Stieldraht ein. Dann umwickeln Sie den Stiel mit Kreppband. Arbeiten Sie dabei auch das Laubblatt mit ein.

Orchidee

Material:
- Window-Color in Hellgrün, Grasgrün, Dunkelgrün, Weiß, Gelb und Bordeaux
- Basteldraht in Kupfer
- fester Draht für Stiele
- Kreppband in Grün
- Holzspieß oder Zahnstocher

Anleitung:
Die Blütenrispe ist mit drei Blüten und zwei grünen Knospen bestückt. Jede Blüte besteht aus zwei breiten und drei ovalen Blütenblättern sowie der Blütenmitte. Für jede Knospe fertigen Sie zwei Drahtformen nach der Vorlage an. Wenn Sie auch die Laubblätter aus Draht gebogen haben, legen Sie alle Drahtformen auf Folie, um dann die Formen auszumalen. Die breiteren Blütenblätter werden weiß ausgefüllt. Dann ziehen Sie mit einem Holzspieß oder Zahnstocher feine grüne Linien in die nasse Farbe. Die ovalen Blütenblätter konturieren Sie mit feinen Linien in Bordeaux. Den breiten Teil der Blütenmitten füllen Sie gelb aus, die Mitte gestalten Sie in Weiß, das in Bordeaux übergeht. Auf die gelbe Farbfläche setzen Sie bordeauxfarbene Tupfer. Die Blätter für die Knospen gestalten Sie mit Grün und Gelb. Fügen Sie die Blüten und Knospen zusammen, und schieben Sie Stieldraht zwischen die kurzen Drahtenden. Umwickeln Sie die Stiele mit Kreppband, und setzen Sie unten die Laubblätter an den Stiel.

Sonnenblume und weiße Blüten

Material Sonnenblume:
- Window-Color in Grasgrün, Hellgrün, Dunkelgrün, Orange, Gelb, Schwarz und Braun
- Basteldraht in Gelb und Schwarz
- fester Draht für Stiele
- Kreppband in Grün
- Holzspieß oder Zahnstocher

Anleitung:
Biegen Sie die angegebenen Formen des Vorlagebogens mit Draht nach. Für die Blütenmitten sowie für Kelch- und Laubblätter verwenden Sie schwarzen Basteldraht, für die Blütenblätter gelben Draht. Legen Sie alle Drahtformen auf Folie, um die Formen dann mit Window-Color auszumalen. Die große Blütenmitte wird mit brauner Farbe gefüllt. Setzen Sie darauf schwarze Punkte. Die kleine Blütenmitte gestalten Sie mit gelben, braunen und grünen Farbtupfern. Die Kelchblätter werden schlicht grün ausgefüllt. Die Blattadern der Laubblätter malen Sie mit Hell- und Dunkelgrün. Für die Blütenblätter der Sonnenblume setzen Sie kleine orangefarbene Tupfer in den unteren Bereich und verziehen diese mit einem Holzspieß oder Zahnstocher in das Gelb. Nachdem alle Blätter getrocknet sind, können Sie die Blüte und die Knospe zusammensetzen. Für die Blüte werden zwölf Blütenblätter zusammengefasst, die sechs Kelchblätter werden darunter arrangiert. Drücken Sie die Blütenmitte einfach nur von oben fest auf. Für die Knospe werden zehn Kelchblätter zusammengefasst, auf die die Blütenmitte aufgedrückt wird, bevor die einzelnen Kelchblätter umgebogen werden. Schieben Sie Stieldrähte zwischen die Enddrähte von Blüte und Knospe, und umwickeln Sie den Stiel mit Kreppband. Arbeiten Sie dabei die Laubblätter mit ein.

Material weiße Blüten:
- Window-Color in Hellgrün, Grasgrün, Dunkelgrün, Gelb, Weiß, Rosa und Braun
- Basteldraht in Grün, Gelb und Kupfer
- fester Draht für Stiele
- Kreppband in Braun
- Holzspieß oder Zahnstocher

Anleitung:
Jede Blüte besteht aus vier Blütenblättern und einem Fruchtknoten. Biegen Sie die Formen mit Draht nach. Für die Fruchtknoten verwenden Sie gelben Basteldraht, für die Blütenblätter kupferfarbenen und für die Laubblätter grünen Draht. Legen Sie die Formen auf Folie, und füllen Sie sie aus. Die Fruchtknoten werden gelb ausgemalt, und auf die getrocknete Farbe werden braune Punkte gesetzt. Die Blütenblätter werden am Stielansatz mit einem Tupfer Grün, das dann in Rosa und schließlich in Weiß übergeht, ausgefüllt. Nehmen Sie einen Holzspieß oder Zahnstocher zu Hilfe, um die Farben ineinander zu verziehen. Die Blattadern der Laubblätter werden mit einem helleren und einem dunkleren Grünton als die Grundfarbe der Blätter nachgezogen. Fassen Sie die Blüten zusammen. Der Fruchtknoten wird gebogen, bis er gewölbt in der Mitte der Blüte liegt. Schieben Sie Stieldrähte zwischen die Drahtenden, und umwickeln Sie die Stiele mit Kreppband. Dabei werden die Laubblätter mit eingearbeitet.

Schneeglöckchen

Material:
- Window-Color in Hellgrün, Grasgrün, Dunkelgrün, Weiß und Gelb
- Basteldraht in Weiß und Grün
- fester Draht für Stiele
- Kreppband in Grün
- Holzspieß oder Zahnstocher

Anleitung:
Biegen Sie die Drahtformen für die Blüten- und Laubblätter gemäß den Vorlagen. Für die Blütenblätter verwenden Sie weißen Basteldraht, für die Laubblätter grünen. Legen Sie die Drahtformen auf Folie, und füllen Sie die Formen mit Window-Color aus. Auf die Spitze der Blütenblätter geben Sie etwas grüne und gelbe Farbe, die Sie mit einem Holzspieß oder Zahnstocher in das Weiß verziehen. Formen Sie die Knospe mit fünf sowie die beiden Blüten einmal mit fünf und einmal mit sechs Blütenblättern, und schieben Sie Stieldraht zwischen die Drahtenden der Blütenblätter. Mit Kreppband werden die Stiele umwickelt. Arbeiten Sie dabei die Laubblätter mit ein.

Tipp:
Die Schneeglöckchen lassen sich mit aufgesprühtem künstlichen Schnee hübsch dekorieren.

Krokusse

Material:
- Window-Color in Hellgrün, Grasgrün, Weiß, Rosa, Pink, Violett und Gelb
- Basteldraht in Schwarz und Grün
- fester Draht für Stiele
- Kreppband in Grün
- Holzspieß oder Zahnstocher

Anleitung:
Jede Blüte besteht aus fünf Blütenblättern und drei Kelchblättern. Biegen Sie die Drahtformen anhand der Vorlagen nach. Für die Blütenblätter verwenden Sie schwarzen Basteldraht, für Kelch- sowie Laubblätter grünen Draht. Platzieren Sie die Drahtformen auf der Folie, und füllen Sie die Formen mit Window-Color aus. Die hellen Farben der Blütenblätter verziehen Sie vom Stielansatz ausgehend mit Hilfe eines Holzspießes oder Zahnstochers in die dunkleren Farben. Wenn alle Blätter vollständig ausgetrocknet sind, nehmen Sie die Blätter von der Folie. Setzen Sie die Blüten zusammen. Da die Krokusse fast geschlossen sind, sollte die rechte Seite jedes Blütenblattes nach außen zeigen. Schieben Sie Stieldraht zwischen die Drahtenden der Blüten, und umwickeln Sie die Stiele mit Kreppband. Die Laubblätter können Sie entweder am unteren Stielende der Krokusse ansetzen oder, wie auf der Abbildung, getrennt in der Steckmasse eines Tontopfes arrangieren.

ISBN 3-8241-0987-5
Broschur, 16 S., 2 Vorlageb.

ISBN 3-8241-1008-3
Broschur, 32 S., 2 Vorlageb.

ISBN 3-8241-1009-1
Broschur, 32 S., Vorlageb.

ISBN 3-8241-0973-5
Broschur, 32 S., 2 Vorlageb.

ISBN 3-8241-967-0
Broschur, 32 S., 2 Vorlageb.

ISBN 3-8241-0942-0
Broschur, 32 S., 2 Vorlageb.

Lust auf Mehr?

Liebe Leserin, lieber Leser,
natürlich haben wir noch viele andere Bücher im Programm.
Gerne senden wir Ihnen unser Gesamtverzeichnis zu.
Auch auf Ihre Anregungen und Vorschläge sind wir gespannt.
Rufen Sie uns einfach an oder schreiben Sie uns.

Englisch Verlag GmbH
Postfach 2309 · 65013 Wiesbaden
Telefon 06 11/9 42 72-0 · Telefax 06 11/9 42 72 30
E-Mail info@englisch-verlag.de
Internet http://www.englisch-verlag.de

Lilie

Strelizie

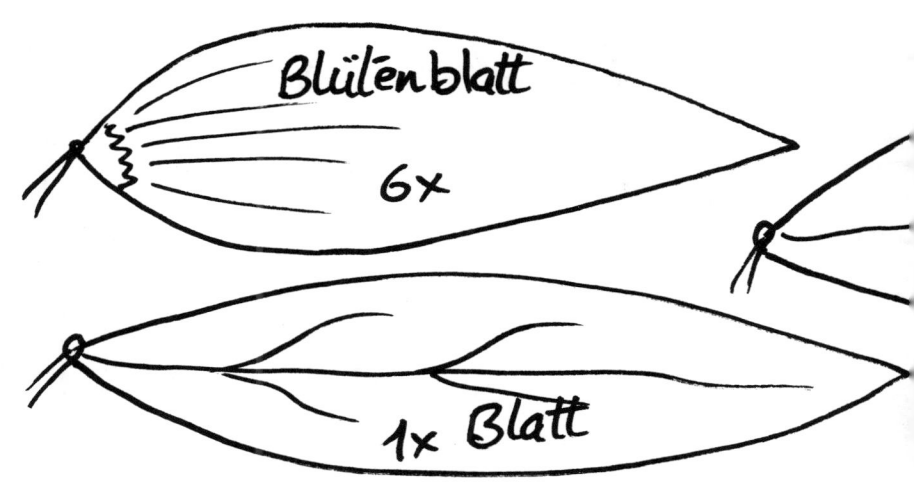

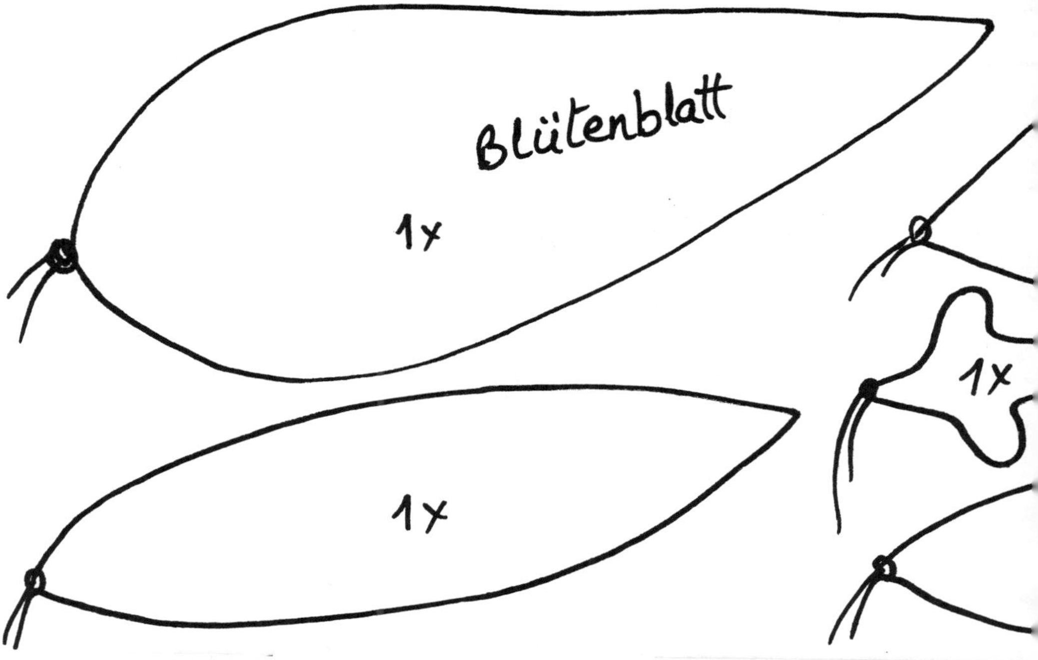

Rose

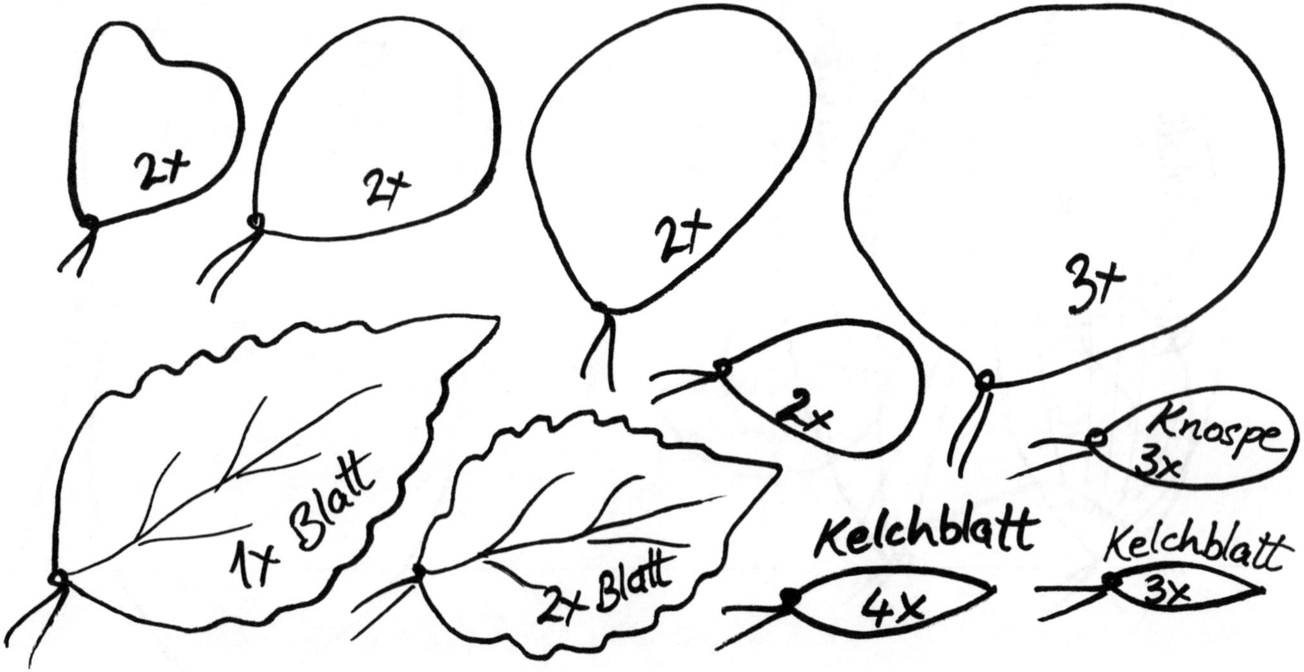

3x

2x

2x

2x

2x

Knospe 3x

Kelchblatt 3x

Kelchblatt 4x

2x Blatt

1x Blatt

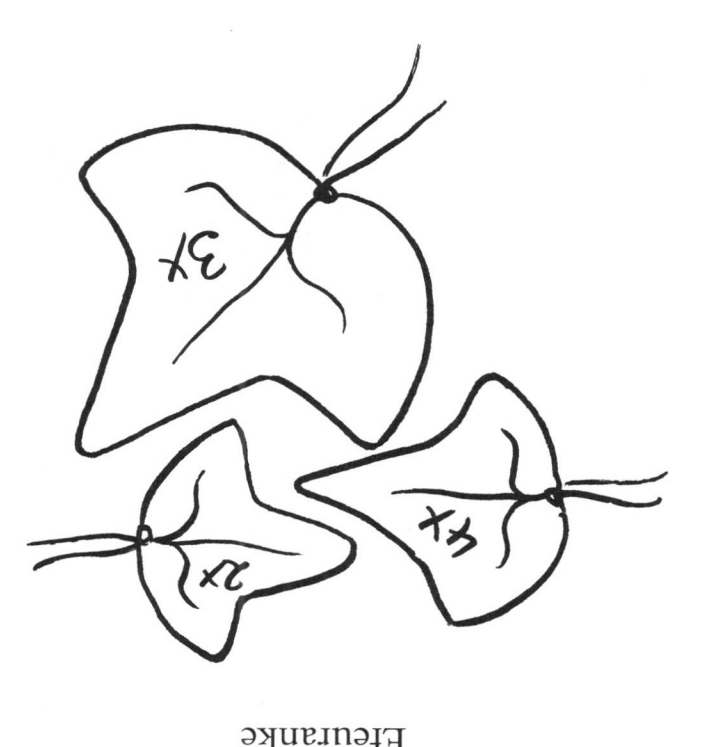

Efeuranke

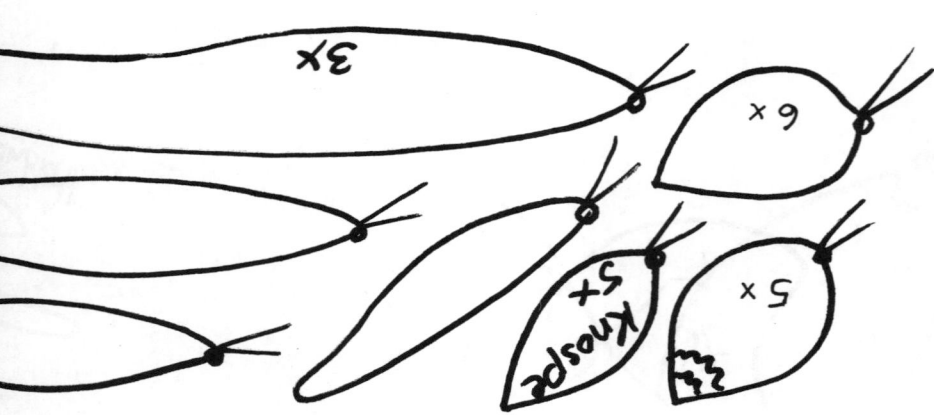

Schneeglöckchen

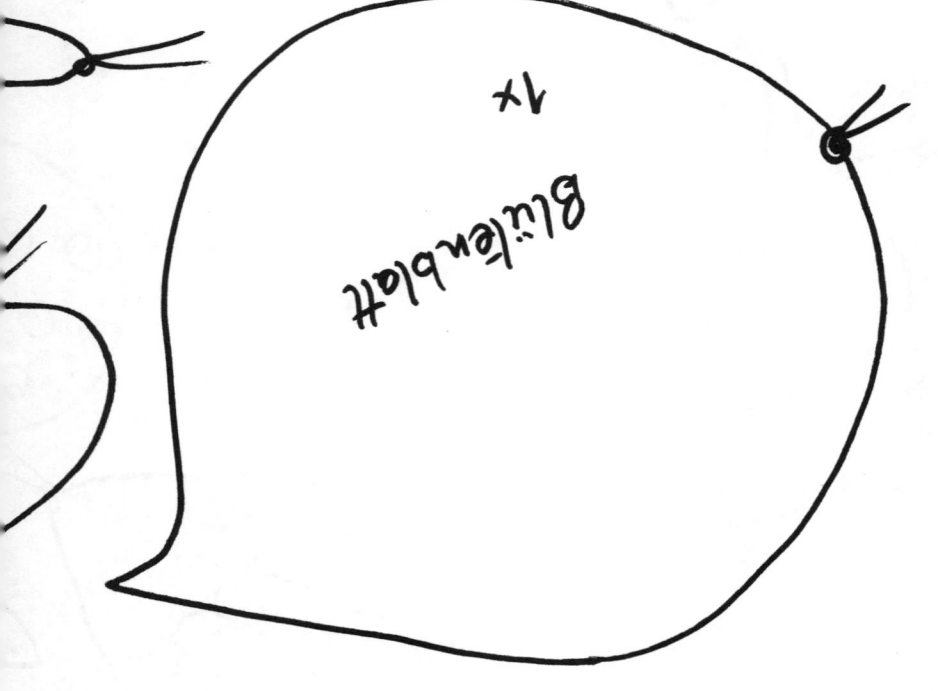

Anthurie

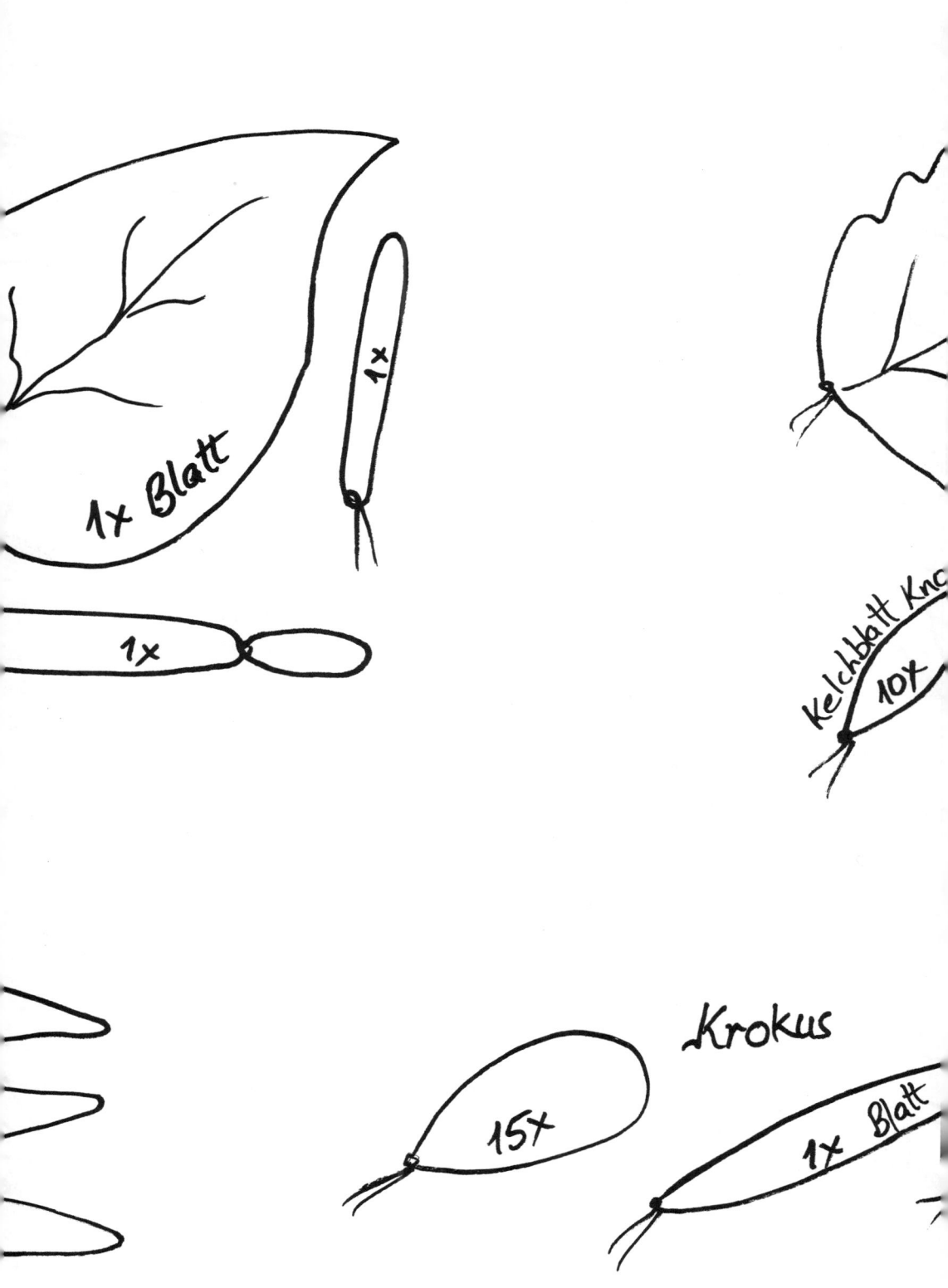

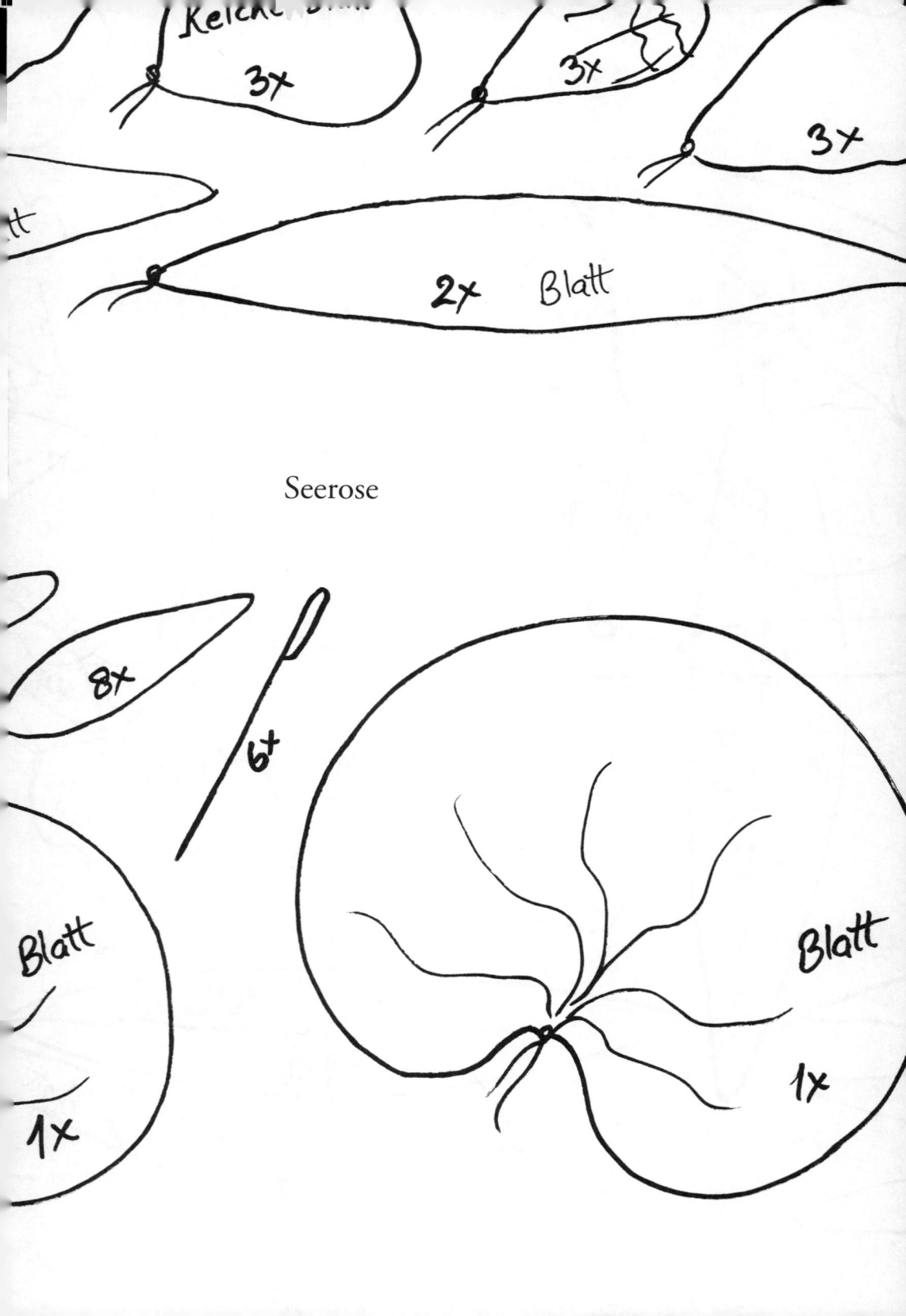

Orchidée

Libelle

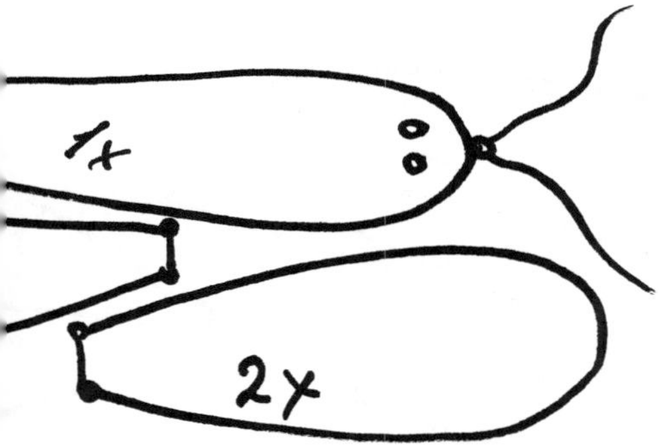

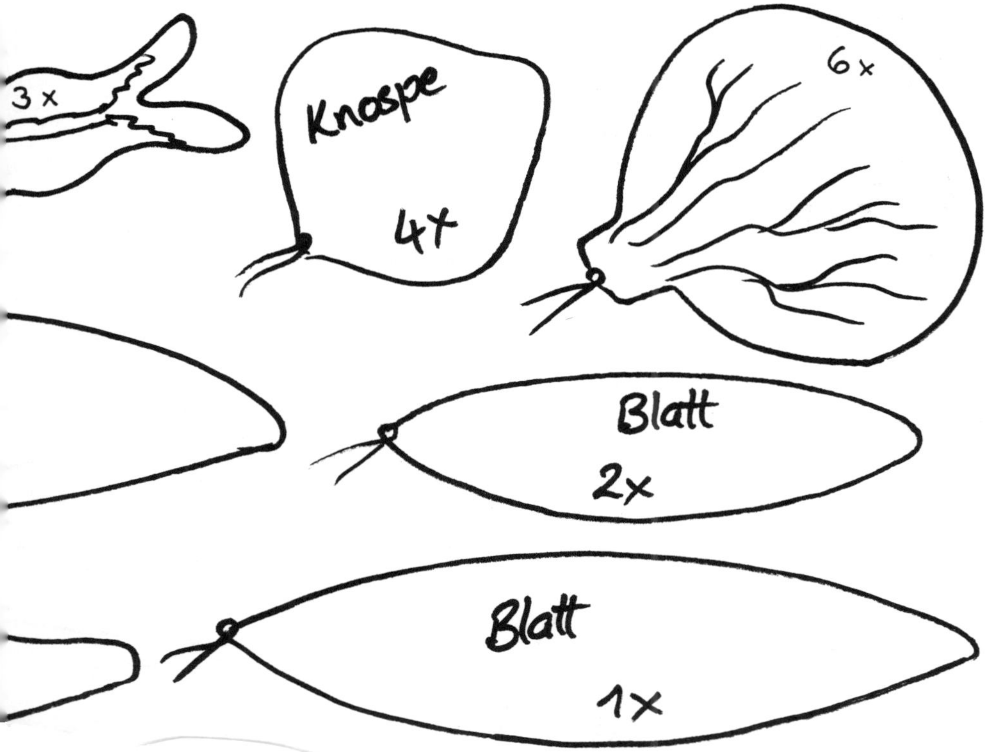

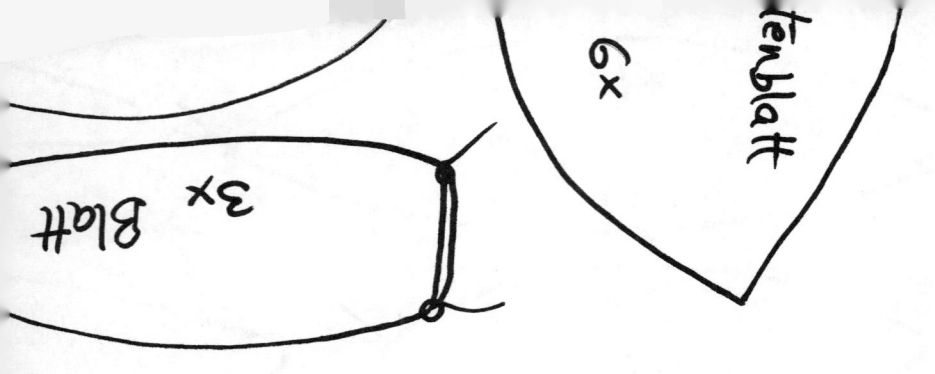

Amaryllis

Weidenkätzchen

Narzissen

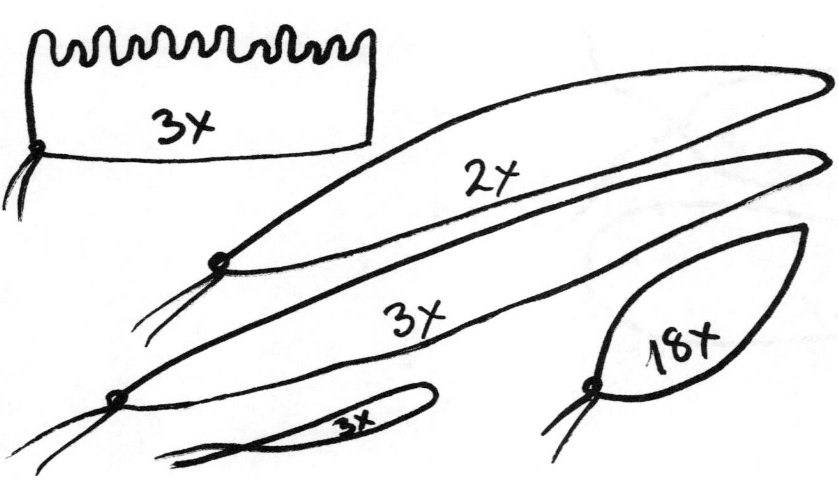

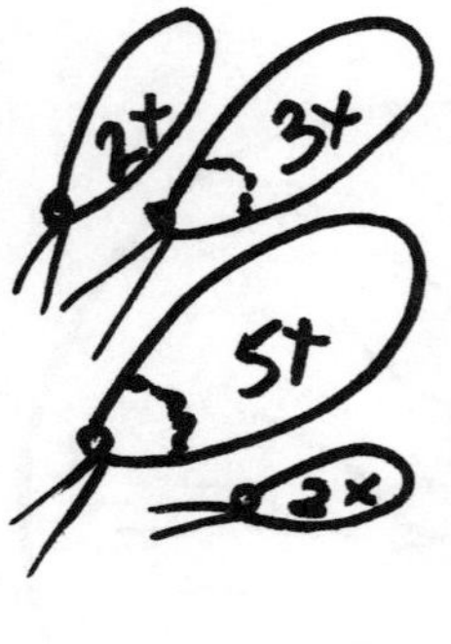

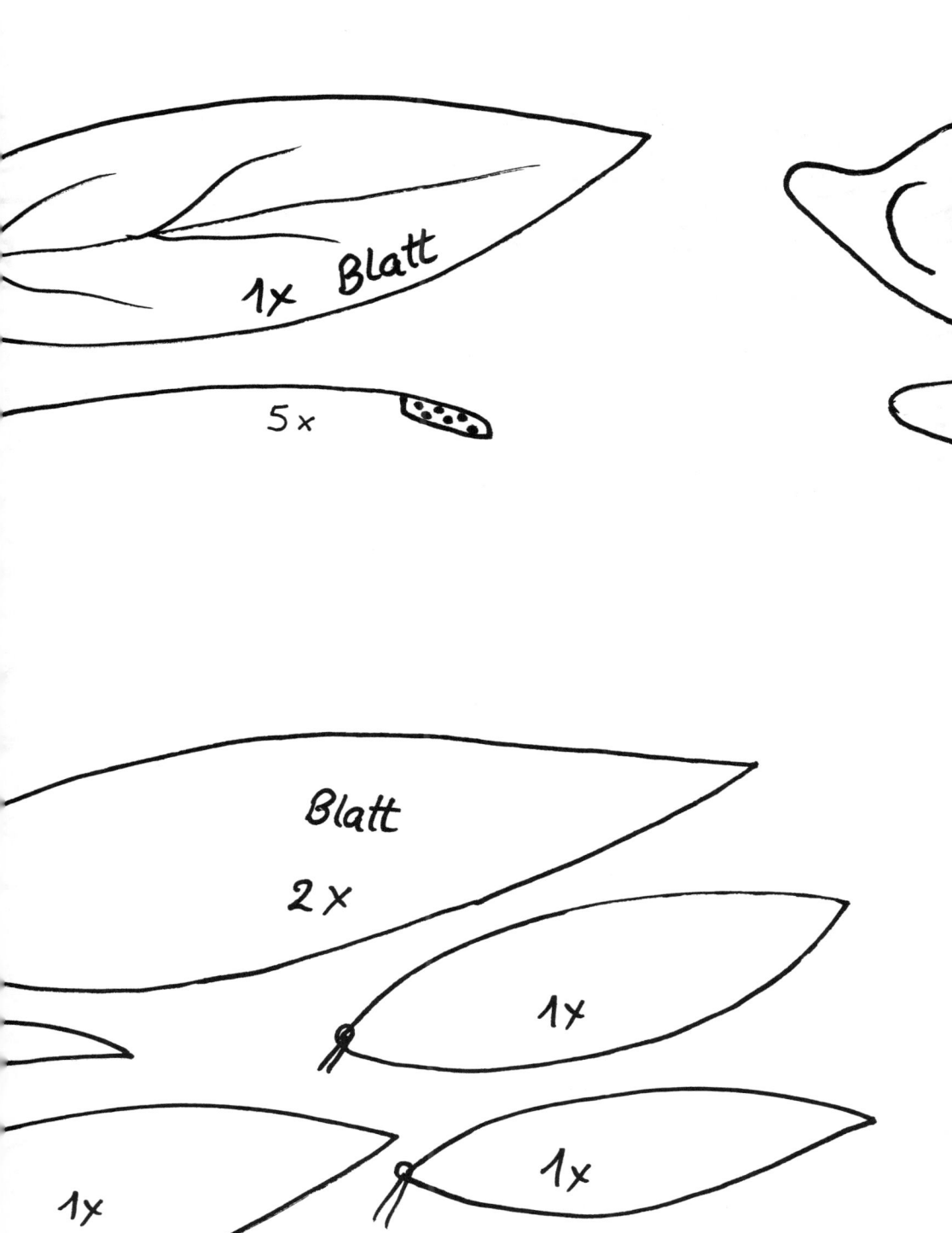

Tulpen

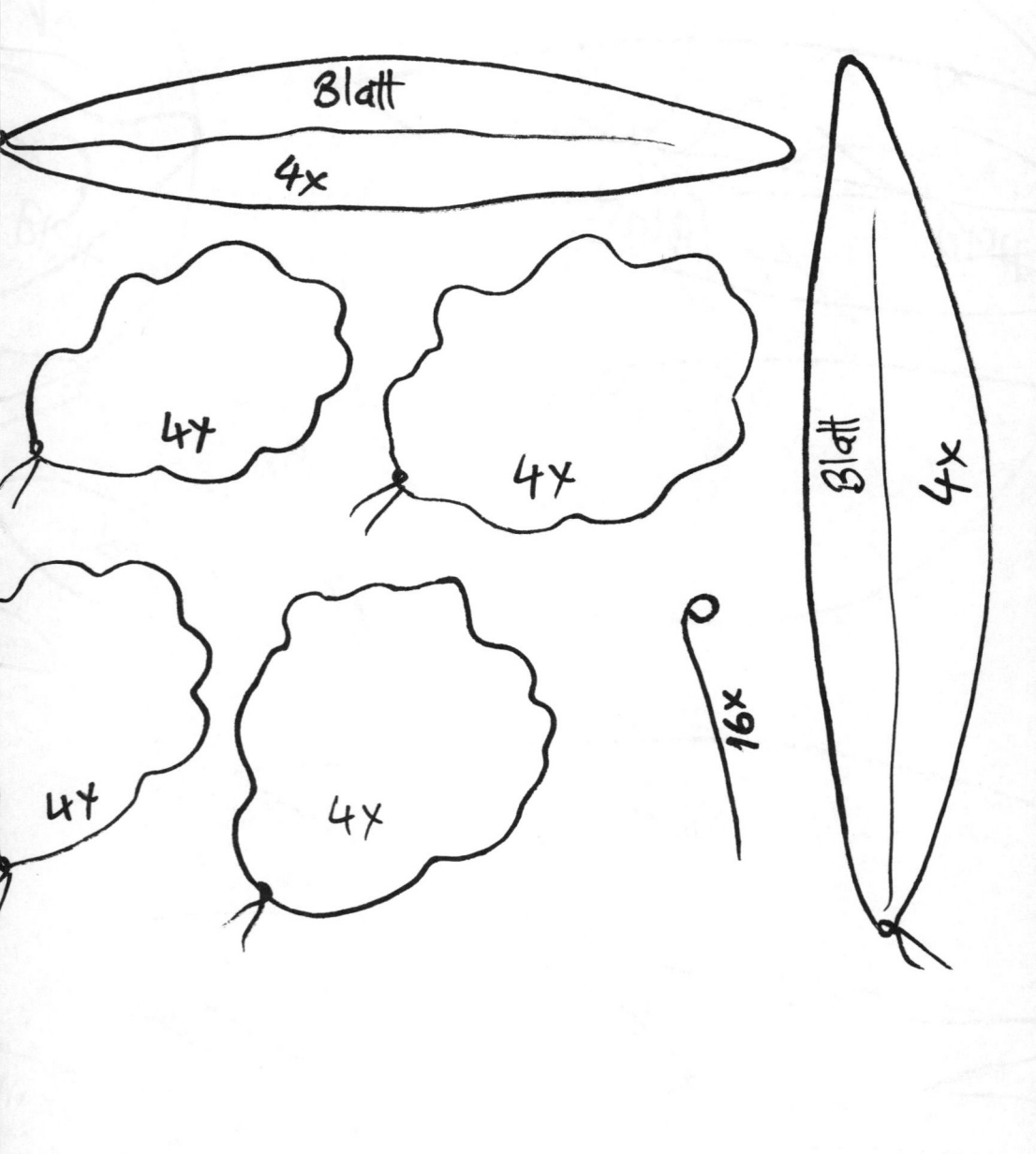

Iris

Sonnenblume

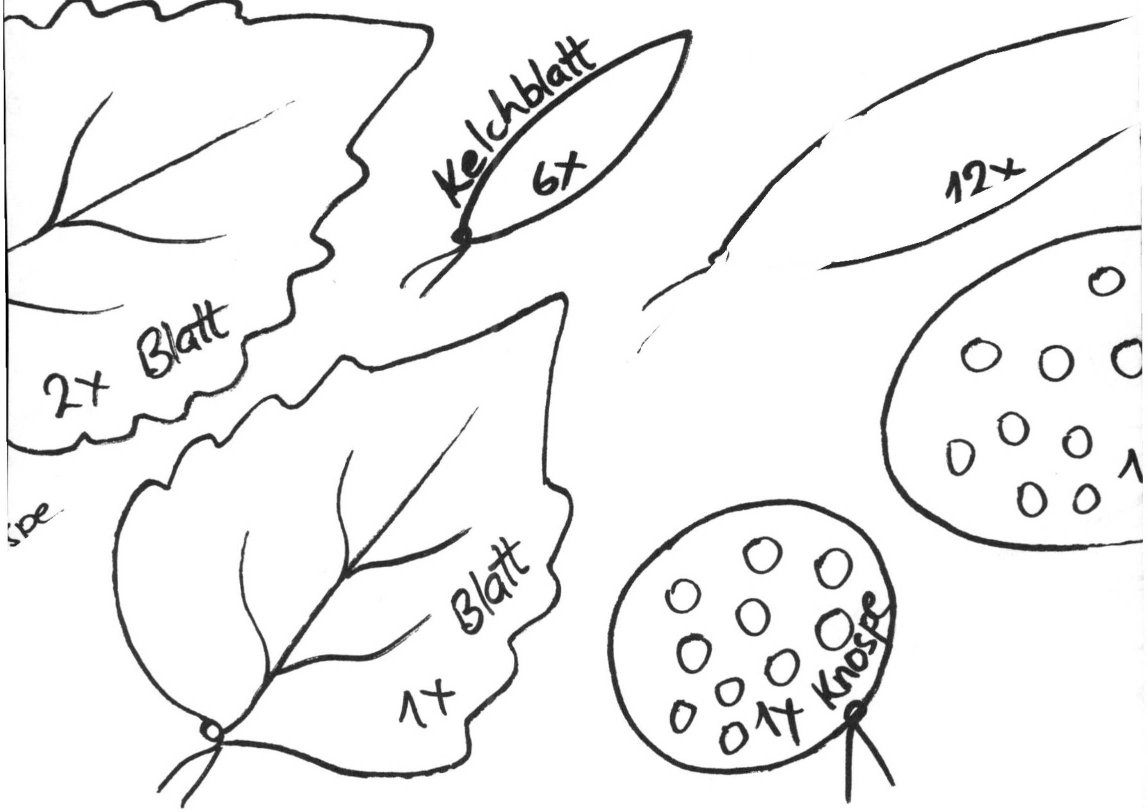

2x Blatt

Kelchblatt 6x

12x

1x Blatt

1x Knospe

Krokus

2x Blatt

1x Ke

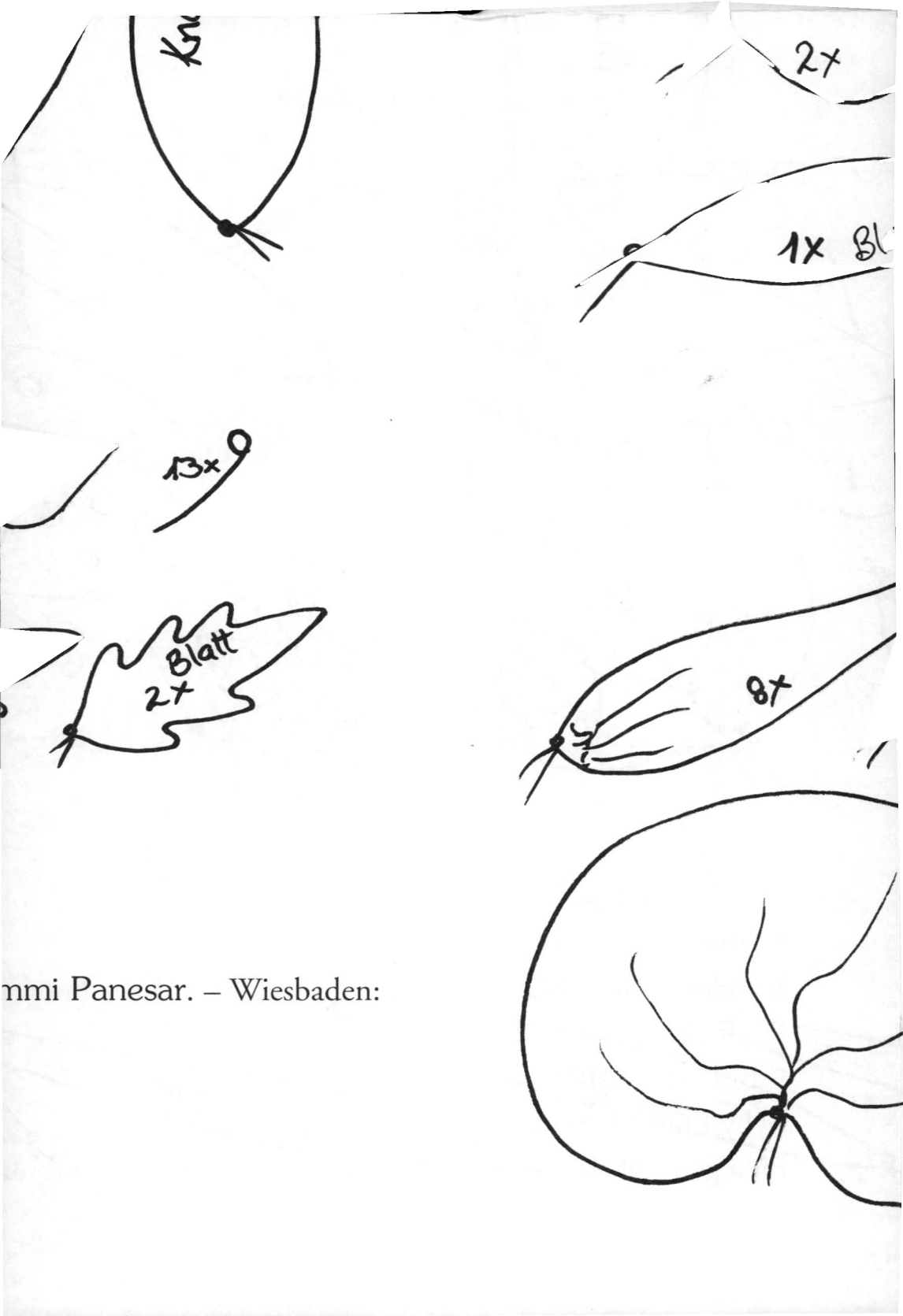

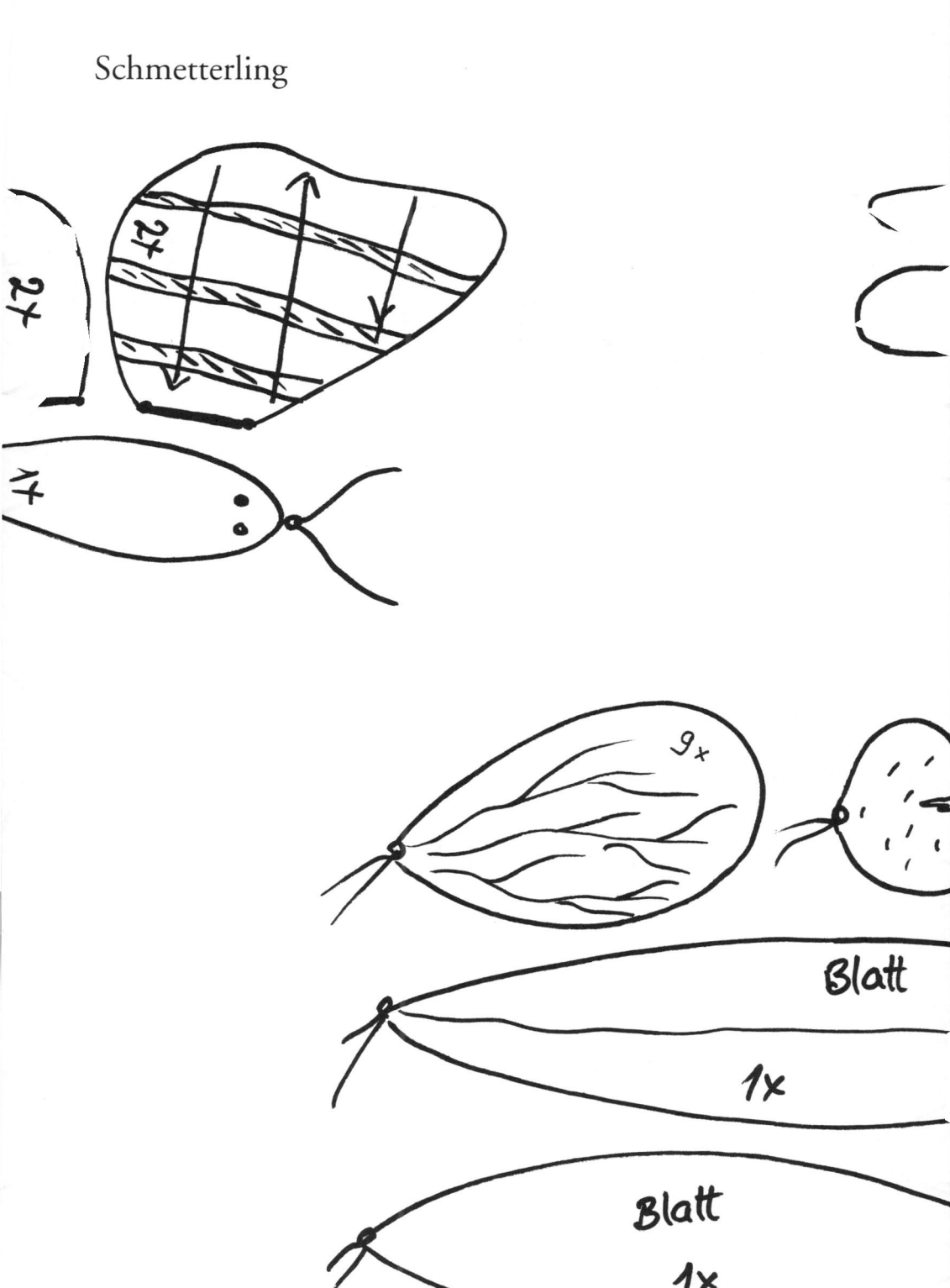

Stiefmütterchen

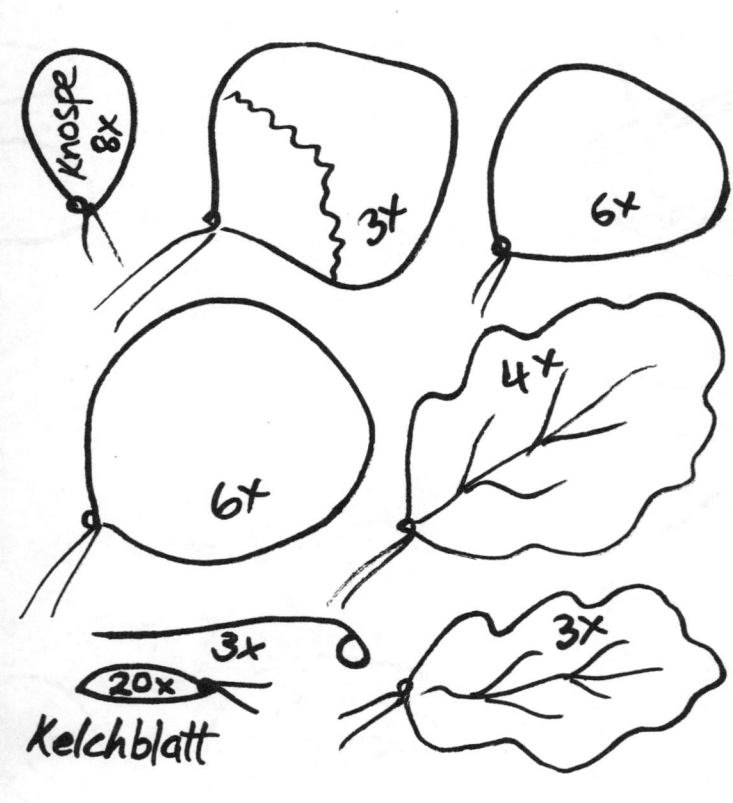

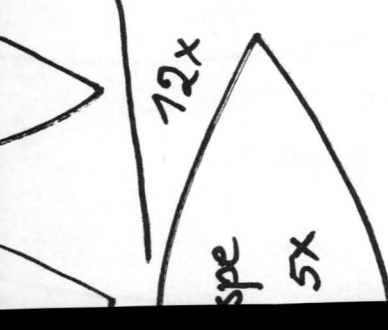

Knospe

Weiße Blüten

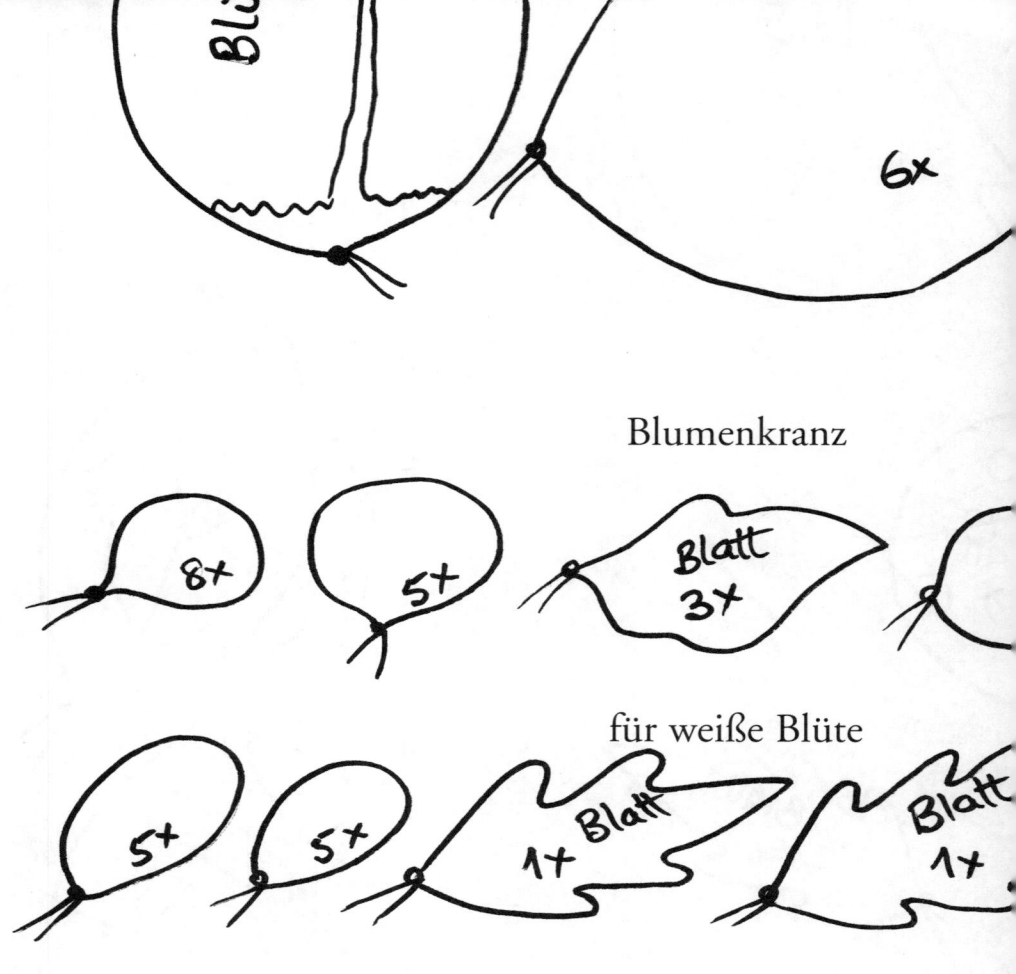

Blumenkranz

für weiße Blüte

für rosafarbene Blüte

Vorlagebogen zu Englisch Nr. 1013
Window-Color: Blüten aus Draht / Angelika Massenkeil, Englisch, 2000
ISBN 3-8241-1013-X
© by Englisch Verlag GmbH, Wiesbaden 2000
Eine gewerbliche Nutzung der Vorlagen ist verboten und nu
mit ausdrücklicher Genehmigung des Verlages gestattet.